DESCOBRI
QUE NÃO FAÇO
FALTA QUANDO
PAREI DE
RESPONDER

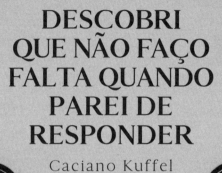

DESCOBRI QUE NÃO FAÇO FALTA QUANDO PAREI DE RESPONDER

Caciano Kuffel

Copyright © 2022 Caciano Kuffel
Todos os direitos reservados à Astral Cultural e protegidos
pela Lei 9.610, de 19.2.1998. É proibida a reprodução total ou parcial sem
a expressa anuência da editora. Este livro foi revisado segundo o Novo
Acordo Ortográfico da Língua Portuguesa.

Editora Natália Ortega
Produção editorial Esther Ferreira, Jaqueline Lopes, Tâmizi Ribeiro
e Renan Oliveira
Revisão Alessandra Volkert
Capa Agência MOV
Foto do autor Amanda Mirella
Ilustrações miolo Shutterstock

Dados Internacionais de Catalogação na Publicação (CIP)
Angélica Ilacqua CRB-8/7057

K97d   Kuffel, Caciano
          Descobri que não faço falta quando parei de responder /
      Caciano Kuffel. — Bauru, SP : Astral Cultural, 2022.
      Bauru, SP : Astral Cultural, 2022.
      208 p.

      ISBN 978-65-5566-174-3

      1. Poesia brasileira I. Título

22-2978   CDD B869.1

Índices para catálogo sistemáticos:
1. Poesia brasileira

 ASTRAL CULTURAL EDITORA LTDA

BAURU
Avenida Duque de Caxias,
11-70 - 8º andar
Vila Altinópolis
CEP 17012-151
Telefone: (14) 3879-3877

SÃO PAULO
Rua Major Quedinho, 111
Cj. 1910, 19º andar
Centro Histórico
CEP 01050-904
Telefone: (11) 3048-2900

E-mail: contato@astralcultural.com.br

O poema "Descobri que não faço falta quando parei de responder" conta com mais de trinta milhões de visualizações e foi escrito e declamado por mim, como forma de desabafo por estar me sentindo sozinho. Sozinho em uma cidade nova, sozinho romanticamente, sozinho com minhas ideias. Quanto mais eu pensava a respeito de estar sozinho, mais entendia as delícias de me amar e curtir minha própria companhia. Neste livro, eu te convido a pensar e a sentir comigo, além de caminhar pelas fases de um relacionamento. E, então, quem sabe você fique bem com si mesmo para se abrir a um novo amor? Você pode aprender com a leveza e a profundidade de um poema, que pode te fazer acordar pra vida e ao mesmo tempo te fazer sentir cócegas no coração.

Com todo amor,
Caciano Kuffel.

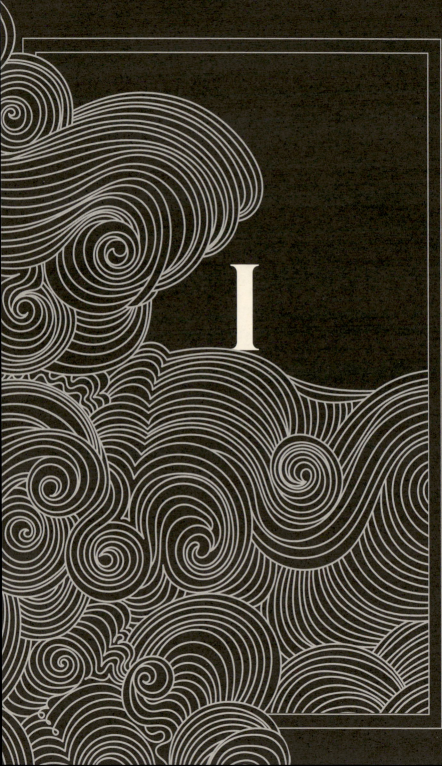

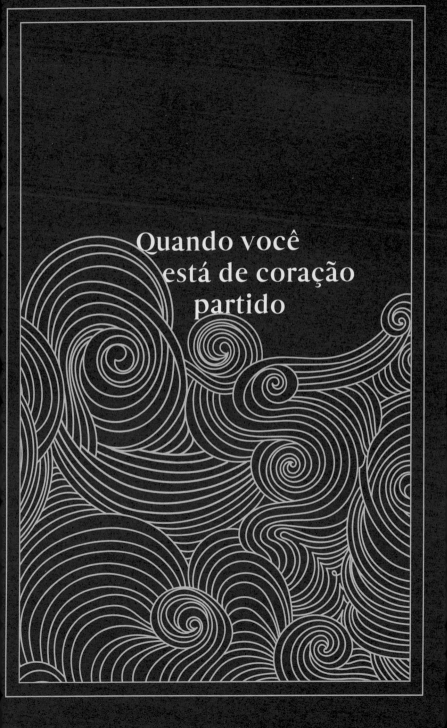
Quando você está de coração partido

Carta para quem me machucou

Obrigado por me mostrar
que o meu maior amor
deve ser por mim.
Muito obrigado por mostrar
que sou mais forte e que nada é tão ruim.
Por mais que tenha doído o coração,
obrigado por esse empurrão.
Obrigado por mostrar
que não preciso de ninguém
pra ser feliz.
A vida ganhou a leveza que eu sempre quis,
mas que nunca tive ao seu lado.
Não desejo a ninguém o que me aconteceu,
nem mesmo a quem tenha me machucado.
Mas a lei do retorno existe, você vai ver.

Obrigado por me ensinar o tipo de pessoa que não devo ser.

Tudo o que você está sentindo agora

Tudo o que você está sentido agora,
cada escolha, cada alternativa.
Tudo o que a vida está impondo que você viva
é exatamente o que precisa
para evoluir e aprender.
Se tornar uma pessoa melhor... E crescer.
Acredite e perceba.
Pra tudo existe um propósito,
mesmo que você não veja.

Eu sei que parece que não

Eu sei que parece que não.
Sei que parece que você nunca vai
se recuperar da dor dessa paixão.
E, olha, eu não te prometo
que vai ser fácil essa dor passar.
Não te prometo que você vai,
simples assim, superar.
Mas eu te prometo que você vai,
talvez possa até morrer de amor.
Porém vai ressuscitar e vai ter forças
quando preciso for.
Dizem que temos apenas um grande amor na vida,
e depois mais ninguém.
Mas vivemos várias vidas em uma também.

Tudo o que você tem no mundo

Chega uma hora que você não consegue mais
desabafar com ninguém.
Suas dores são suas,
seus problemas também.
Chega uma hora que você sabe
que ninguém vai entender.
E tudo que você tem no mundo é você.

Eu aprendi uma coisa na minha vida

Eu aprendi uma coisa com a vida.
Pode parecer que não,
mas pessoas vão embora,
mesmo tendo prometido mil vezes que não irão.
As pessoas mentem olhando nos seus olhos,
jurando que é verdade.
Poucas são as pessoas que entendem
sua intensidade.
Tem uma coisa que a vida me fez aprender:
se precisar confiar em alguém,
confie em você.

Ofereceu tudo?

Você já ofereceu tudo;
ofereceu dedicação, atenção e paciência.
Está na hora de você oferecer a sua ausência.
Você já deu tudo que podia,
foi uma pessoa interessada e dedicada.
Aí chega uma hora que o que resta
é não restar nada.

Intensidade

Quem é intenso
insiste muito, é verdade.
Mas, quando para de insistir,
é com a mesma intensidade.

Incongruências

Não consigo entender como alguém fala
pra você que te acha importante,
mas age como se você fosse insignificante.
Não consigo entender como alguém fala
que quer te ter na vida,
mas age como se você não fosse nada,
te criando ferida.
Não consigo entender quem fala uma coisa
e faz outra completamente diferente.
Faz qualquer coisa comigo,
só, por favor, não mente.

Tem gente que diz que gosta de você

Tem gente que diz que gosta de você, mas não é verdade.
Existem pessoas que gostam que gostem delas,
e gostam que trabalhem pela sua felicidade.
Você se engana e dá seu coração,
mas tem gente que ama o fato de te ter na mão.

Com o coração quebrado

Então, com o coração quebrado,
sangrava sem parar.
Com o coração quebrado, sentia que não
conseguiria viver nem respirar.

Mas, com o coração quebrado,
decidiu que ia viver.
Apesar das dificuldades,
apesar de não ter certeza se ia vencer.
Depois de um tempo, o coração quebrado
incomodava só quando pensava na dor.
Acabou aprendendo que
só tem o coração quebrado
quem se joga num falso amor.

Tentam te ensinar errado

Neste mundo você nasce sozinho
e dele parte assim também.
O mundo tenta ensinar que você
é dependente de alguém.
Mas eu sei que não, já consegui entender.
É você por você.

Eu não gosto mais de você

Eu te amo, mas não gosto mais de você.
Eu sei, pode ser difícil de entender.
Eu sempre vou amar tudo
que vivemos juntos,
sempre vou amar nossas brincadeiras,
nossas conversas, o nosso mundo.

Mas a gente deixou de se gostar,
e nada mais foi igual.
Não tinha mais aquela alegria nos olhos,
não era o amor fora do normal.
A gente foi se desconhecendo, se afastando,
depois de brigas e discussões.
Foi se perdendo, dentro da nossa vida,
afastando nossos corações.

Eu te amo, só não gosto mais de você.
Sem mágoas, sem rancor,
só acho que não era pra ser.

Eu te amo, mas não gosto mais de você.
A vida e o cotidiano esfriaram
e colocaram tudo a perder.
Uma vez, eu ouvi que é sempre amor,
mesmo que mude.
Mas nem sempre o amor é suficiente.
É, amor, você que lute.

Eu já senti raiva de mim

Eu já senti raiva de mim por ter o coração bom
com quem não merecia.
Eu já fiquei triste por ser bom demais
com quem nem sequer foi companhia.
Mas a verdade é que eu não posso me sentir mal
por fazer a minha parte até com quem
não era do bem.
É aquilo, né?
Cada um dá exatamente o que tem.

A idade do amor-próprio

Chega uma idade em que você não consegue mais
ficar em qualquer lugar,
não é qualquer coisa que te cativa,
você não finge mais pra agradar.
Simplesmente sente o que tiver que sentir
e vive o que precisar.

Às vezes, se livrar do que dói, dói mais ainda

Às vezes, se livrar do que dói, dói mais ainda.
Uma ostra, por exemplo,
pra fazer aquelas pérolas lindas,
precisa se livrar daquele grão de areia
que incomoda e a faz sofrer.
Se você quer paz, se prepare pra guerra;
se quer ser feliz, entenda que vai doer.
Se prepare para chorar muito,
mas para nunca mais chorar.
E se prepare para gritar tudo que você pode,
para, enfim, se libertar.

Aprendi a chorar
sem chamar a atenção

Aprendi a desabar, tão na minha,
tão quietinho,
que a maioria das pessoas nem nota
que estou sozinho.
Os únicos que veem as minhas lágrimas,
meus únicos companheiros,
têm sido meu chuveiro e meu travesseiro.

Mãos dadas comigo

Sou eu, comigo mesmo, sozinho.
Não preciso de mais ninguém,
não tenho outra mão pra segurar,
e tudo bem.
Tenho tudo que preciso dentro de mim.
Eu e eu mesmo até o fim.

Doeu

Doeu, mas eu sorri e fingi que tudo bem.
Doeu, mas eu continuei forte e firme também.
Doeu, mas hoje não significa mais nada.
Doeu, mas tive coragem de sair
da maior enrascada.
Doeu, mas ninguém soube o que aconteceu.
Sim, não nego, doeu.
Mas as pessoas só veem o que eu deixo;
então, elas não sabem se eu sofro,
porque eu não me queixo.
Eu digo pra mim que nunca mais sentirei,
mas tenho medo de sentir tudo de novo,
como se fosse a primeira vez.

A dor, às vezes, sobrecarrega
como o céu em um dia escuro.
E a gente chove em lágrimas
sem ter a certeza do futuro.
Mas, no fim, a dor é fértil e linda,
porque dela brota uma versão sua melhor
e mais forte ainda.
Esse sofrimento serve para nos fazer acordar;
aprendemos com a dor
o que a felicidade não pode ensinar.

Dias e dias

Há dias que eu preciso,
e também que eu gosto de me afastar.
Gosto de não responder,
gosto de não conversar.
É que eu preciso de um tempo para mim,
e não é por mal.
Eu preciso entender esse caos,
não é nada pessoal.

Assim fica fácil ser mocinho
na história

Eu vi gente dizendo que eu fui ruim,
só para não admitir o que fizeram para mim.
Eu já vi gente fazendo de conta
que eu tinha enlouquecido,
só para não falar que erraram feio comigo.
Eu já vi gente que se serviu do meu banquete de lealdade,
gente em que eu fiz apostas,
usar as facas que eu mesmo emprestei
para me apunhalar pelas costas.

Sangue

Só porque você não vê sangue,
não quer dizer que não doeu.
Não julgue o meu machucado
 como se fosse seu.

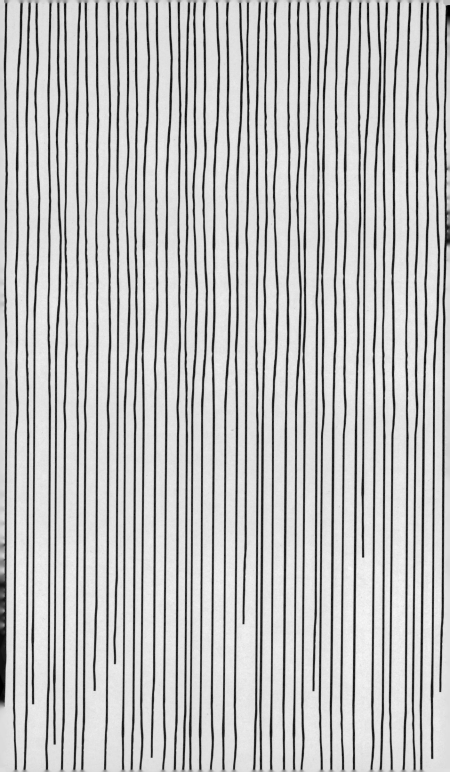

Parece que ninguém te entende, né?

Parece que ninguém te entende, né?
Parece que só você sabe como sua dor é...
Mas você está dentro de uma ilha de sentimento,
e, se pensar por apenas um momento,
vai entender muito bem
que quem está dentro da ilha
não sabe o tamanho que a ilha tem.
Se afaste um pouco,
fique só pra poder pensar.
Você vai entender que a ilha vista de fora
é mais bonita do que se pode imaginar.

Você vai passar pelo pior
dia da sua vida

Você vai passar pelo pior dia da sua vida,
e a partir dele vai entender que
pode aguentar,
que pra tudo existe uma saída,
é só você não parar.
Um dia vão quebrar seu coração,
mas todos os outros dias, não.

mas todos os outros dias, não.

Prioridade

Nunca trate como especial
alguém que te vê como algo comum.
Nunca ame alguém que por você
não tem respeito algum.
Você merece alguém que te veja
como a pessoa mais especial do mundo.
Você sabe que merece alguém
que te coloque como prioridade a cada segundo.

Só porque você sente falta

Só porque você sente falta,
não significa que você deve procurar.
Só porque você sente saudade,
não significa que você deve voltar
sem nem pensar. *Confie nela.*
O coração pede, mas a intuição avisa.
Tem o que a gente quer, e tem o que a gente precisa.

Como saber que eu superei?

Quando puder contar sua história inteira sem chorar,
parabéns, você se curou.
Quando puder contar sua história e fazer piada,
dar risada,
parabéns, você finalmente superou.

Parabéns,
enfim.

Me afastar de você

Me afastar de você
foi a decisão
mais difícil que já tomei.
Me afastei pela minha felicidade,
e pela sua também.

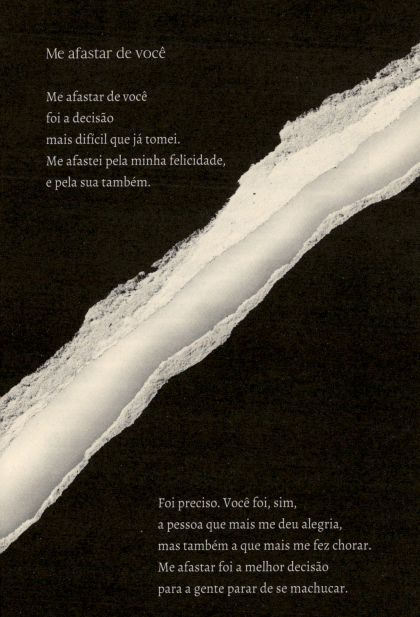

Foi preciso. Você foi, sim,
a pessoa que mais me deu alegria,
mas também a que mais me fez chorar.
Me afastar foi a melhor decisão
para a gente parar de se machucar.

Precisei

Quando fiquei sozinho no escuro, chorei.
Quando quis mais que tudo e não tive, surtei.
Quando me viraram as costas, lutei.
Quando não tinha mais o que fazer, superei.

Quando

Quando

Quando

Quando

Quando

Quando

Certa para o quê?

Pode ser que não seja certa para você.>>

Toda pessoa é a pessoa certa,
tente entender.
Umas servem para você encontrar
o grande amor,
e outras para você aprender a amar você.

Tudo muda

Eles te conhecem e se apaixonam pela sua luz,
pelo seu brilho e sua energia.
Olham sua força, seu riso, seu poder e pensam:
era isso tudo que eu queria.
Eles conseguem ver quão incrível
você é de verdade,
mas, quando te conquistam,
aprisionam sua luz e sua felicidade;
te colocam numa caixinha
para que ninguém possa ver;
então, de repente,
você não conhece mais você.

Seu erro

Seu erro foi achar que eu nunca iria embora, mas eu fui.
Seu erro foi achar que não existiria vida além de você,
mas minha nova rotina não te inclui.
Doeu tirar o curativo, mas, quando tirei,
vi que nunca precisei de um.
E que amor assim eu não desejo
pra ser humano algum.
Você achou que eu não teria coragem pra te deixar,
você achou que sem você eu não poderia voar,
mas, olhe pra mim, melhor sem você.
No fim, foi mais fácil do que eu pensava te esquecer.

1.1 O doce do amor

Marcos lhe deu um chocolate e disse que aquilo era o amor. Ela achou o gosto estranho. Sem pensar, cuspiu tudo no chão.

— Como pode eu te dar meu amor e você jogar fora desse jeito?

— Mas esse gosto tá estranho...

— Isso é amor. Você não conhecia, por isso achou ruim.

Marcos sempre trazia um chocolate, e ela toda vez se sentia estranha ao comer o doce, mas ele insistia que era assim. Ela, por sua vez, foi ficando mal. Os amigos apontavam como a garota havia mudado, mas ela falava que eles não entendiam de amor. Nas primeiras semanas, ela ficou mal, mas depois se acostumou. A gente se acostuma com tudo, né? Por pior que seja... Acostuma-se com a coceira, com o barulho que a geladeira faz, com a cadeira quebrada; em vez de consertar, a gente deixa ali, sem nem perceber. Ela não havia percebido, mas tinha mudado tanto que nem se reconhecia mais no espelho. Os olhos fundos, os ombros caídos, havia se acostumado com a dor de cabeça e o sentimento de ressaca que aquele chocolate provocava em todo o seu organismo.

Mas, na vida, tudo pode piorar, principalmente se a gente se acostuma com a dor e não faz nada para mudar. Marcos havia parado de visitá-la com frequência, e os chocolates pararam de vir também. Aos poucos, ele foi jogando apenas migalhas pra ela, que ansiava por mais. Pedia, suplicava e implorava por um pedaço maior. Você acredita? Suplicar por algo que lhe causa tanto mal? As pessoas são curiosas, né?

Ele parou de ir, sumiu, disse que estava dando todo o chocolate que tinha pra outra pessoa, que não estava sobrando mais nada pra ninguém. Ela pensou em ir encontrar essa pessoa que estava roubando seu precioso chocolate do amor, mas não tinha forças, e só conseguiu ficar ainda pior pela falta que o doce fazia. Por dias, achou melhor que parasse de existir; por dias, ficou imóvel na cama, não achando mais graça em nada, nenhuma outra comida lhe causava o mesmo efeito. Até que, alguns meses depois, quando ela havia recobrado um pouco de quem costumava ser antes de ser apresentada àquele famoso chocolate, alguém passou por ela e lhe ofereceu outro chocolate. A princípio, ela negou, mas esse rapaz lhe disse que o chocolate dele era diferente, tinha um gosto incrível e transformava as pessoas. Fazia com que elas evoluíssem, fazia até com que as pessoas se tornassem a melhor versão delas mesmas. Ela provou um pedaço, e o gosto lhe parecia mesmo incrível.

— Que coisa incrível, como é o nome desse chocolate?

— Amor — respondeu o rapaz

— Eu conheço o amor, e isso não se parece com ele.

— Esse é o amor que eu guardei para dar a alguém, cuidei bem dele, e fiz com todo o carinho. Garanto que esse é o amor.

— Você ou está se enganando ou está me enganando. — E mesmo tendo gostado, jogou fora o resto que ainda havia em sua mão. Sem olhar pra trás, deixou o rapaz, que juntava os pedacinhos com todo o cuidado e os guardava novamente. Pra ela, o amor tinha um gosto diferente, infelizmente.

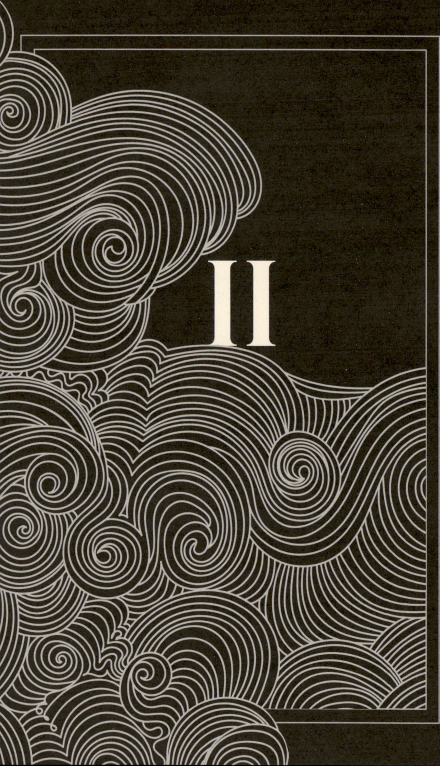

Solitude:
sobre se amar

Ficar sozinho é viciante

Ficar sozinho é viciante.
Você não mais aceita qualquer companhia,
você é seu próprio amante.
Você torna incrível
qualquer lugar comum.
E não aceita mais
a presença de qualquer um.

Mudanças

Sim, eu mudei,
hoje não devo mais satisfações
a ninguém.
Não sobrou muita gente ao meu lado,
e tudo bem.
Ando muito bem acompanhado de mim,
porque, no fim,
somos tudo que a gente tem.

Reciprocidade

Eu posso ser a pessoa mais carinhosa,
ou a mais fria.
Eu posso ser a pessoa mais romântica,
ou a que te ignora por todo o dia.
<u>Eu posso ser incrível,</u>
ou a pessoa mais ingrata.
Eu posso ser quem você quiser que eu seja,
porque eu sou exatamente
do jeito como você me trata.

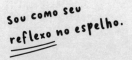

Sou como seu reflexo no espelho.

Eu sozinho comigo mesmo,
sem querer alguém

Eu sozinho comigo mesmo,
e tudo bem.
Eu sozinho, porque é o que mais
me convém.
Eu sozinho comigo mesmo,
aprendi assim porque,
quando precisei,
não veio ninguém.

Fique sozinho no mundo

Fique sozinho no mundo,
mas não deixe ninguém te tratar como lixo,
nem por um segundo.
Aceitar menos do que merece
só pra ter alguém do seu lado?
Sinceramente, antes só
do que totalmente decepcionado.

Eu posso até sentir tua falta

Eu posso até sentir tua falta,
mas escolhi não correr atrás.
Você pode até chamar de orgulho,
mas não é orgulho, é paz.
É saber o meu valor,
é saber o que eu quero ser.
É lembrar tudo que eu já fiz por você.

Falta de amor-próprio

Quando alguém não age com reciprocidade,
mas você fica, é bondade.
Quando alguém te trai, e você perdoa,
é porque acredita numa mudança de verdade.
Quando alguém repete os erros,
e você não desiste, é óbvio.
Continuar com alguém que te faz mal
repetidas vezes é falta de amor-próprio.

Mais amor,
por favor!

Saiba diferenciar

Saiba diferenciar, tem gente que te abandona por uma sexta,
e tem gente que te espera
até quando você precisar.
Saiba diferenciar, tem gente que te coloca pro alto
e tem gente que te rebaixa
e só quer te humilhar.
Saiba diferenciar, existem os que estão sempre por ti,
e tem os que só aparecem
quando não têm mais ninguém pra chamar.
Saiba diferenciar, nem todo mundo é seu amigo,
nem todo mundo gosta de você,
nem todo mundo dá pra confiar.
Saiba diferenciar, a hora de permanecer
e o momento de se afastar.
Saiba diferenciar, as palavras de atitudes,
o amor de contatinho, o amigo de colega
e o carinho de alguém que só vai te machucar.

Pense menos e sinta mais

É preciso aprender a ignorar muita coisa
para ter paz.
É preciso entender que não podemos mudar tudo,
e não pensar demais.
Existem coisas que fogem do nosso alcance
e, de verdade, se pensar muito,
matam sua felicidade.

Você vai precisar desistir de algumas
pessoas, sim

Às vezes, você precisa desistir
de algumas pessoas, sim.
Não porque você não se importa,
mas porque elas não fazem o mínimo por ti.
No fim, você vai deixar pessoas no caminho.
E perceber que, na maior parte da estrada,
você vai andar sozinho.

Singur

Alone

seul

Ensam

Solo

Solum

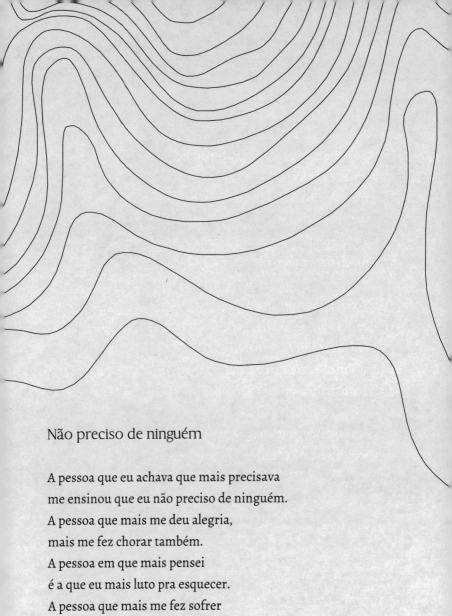

Não preciso de ninguém

A pessoa que eu achava que mais precisava
me ensinou que eu não preciso de ninguém.
A pessoa que mais me deu alegria,
mais me fez chorar também.
A pessoa em que mais pensei
é a que eu mais luto pra esquecer.
A pessoa que mais me fez sofrer
foi a que mais me ensinou a viver.

Pra quem se basta

Todo mundo precisa viajar sozinho
uma vez na vida,
ir ao cinema, sair pra experimentar
uma nova comida.
Todo mundo precisa aprender a gostar de si,
precisa aprender a se olhar no espelho
e a sorrir.
Todo mundo precisa pegar
em sua própria mão,
ser sua melhor companhia,
acalmar o próprio coração.
Todo mundo precisa aprender
a ser seu melhor amigo,
pra entender que só você mesmo
sempre estará contigo.

Todo mundo precisa, pelo menos uma vez,
tirar um tempo pra se conhecer,
pra se namorar, pra se abraçar, pra se acolher.
Amor-próprio é um treinamento:
diariamente precisamos nos olhar
e não nos deixar cair em esquecimento.
Todo mundo precisa aprender a se bastar
e parar de colocar a sua felicidade na mão do outro.
Todo mundo precisa aprender a se amar.

Não entendem

Tem gente que não entende
por você não estar sofrendo
do jeito que eles torcem para você sofrer.
Tem gente que fica inconformado
por você estar sorrindo, em vez de enlouquecer.
Mas é exatamente isso que você precisa fazer,
sorrir, a ponto daqueles que torcem pelo seu fracasso
ficarem de cara feia.
Ser feliz a ponto de incomodar
aquele que te odeia.

simples

É assim

É assim: não me respondeu, eu não vou mais falar.
Não me ouviu, eu não vou te escutar.
Respeito e consideração só com quem tem comigo.
Amizade e sinceridade pra quem é meu amigo.
Se mentiu pra mim, vai perder minha lealdade.
Se pisou no meu calo,
vou pisar na mesma intensidade.
Não é maldade, é reciprocidade.

Dois goles de veneno

Nunca permita que alguém te engane
mais de uma vez.
O primeiro é erro, é escolha da pessoa;
o segundo é sua estupidez.
Você pode até perdoar,
mas deixar na sua vida
é pedir pra se machucar.
Confiar duas vezes
em alguém que te enganou
é como tomar dois goles de veneno
porque o primeiro não te matou.

Cada dia eu me escolho mais

Cada dia eu me escolho mais,
escolho meu silêncio e minha paz.
Escolho eu mesmo, não vou ficar
onde não é o meu lugar, não mais.
Cada dia mais, eu prefiro a minha companhia,
minha rotina, minhas coisas, meu dia a dia.
Cada dia mais, eu me priorizo.
Estar bem comigo mesmo
é a coisa mais valiosa,
é tudo que eu preciso.
Não é egoísmo, é aprendizado.
Entendi que a coisa mais importante da vida
é o autocuidado.

Quando alguém

Quando alguém falar mal de mim,
pode acreditar.
Quando alguém falar bem,
acredite também.
Sabe o que acontece?
Eu dou para os outros
aquilo que eles merecem.

Dou para os outros
aquilo que eles merecem

Para quem tenta me derrubar

Quem tenta me destruir,
me dá combustível para vencer.
Passei da fase de achar
que esse tipo de coisa vai me enfraquecer.
Já aprendi que ladrões
não tentam roubar casas vazias.
Ninguém fala de quem está na arquibancada,
questionam só quem está no palco do dia a dia.
Então, quando falam mal de mim,
pra mim é elogio.
Quanto mais tentam me derrubar,
mais forças eu crio.

Os outros

Ah, mas o que os outros vão pensar?
Quem são os outros?
Eles vão te ajudar quando você precisar?
Eles têm algo pra te dar?
Deixe-me te dar um conselho:
Só se importe com a opinião da pessoa
que está diante do espelho.
Se faz sentido, se te faz feliz, se te dá paz,
vai lá e faz.

vai lá e faz!

Sem notificação

No meu WhatsApp,
quase nenhuma notificação.
Eu me afastei de várias pessoas
para me aproximar de mim mesmo,
para entender que este é meu momento.
Esta é a hora de me conhecer.
Hoje, só sabe da minha vida
quem eu deixo saber.

Em off

É melhor ninguém saber
o que está rolando na sua vida;
assim, ninguém inveja, ninguém opina
sobre suas conquistas ou suas feridas.
É melhor ter certeza antes de anunciar,
porque, o que ninguém sabe,
ninguém pode estragar.

Eu sou meu melhor relacionamento

Eu me namoraria
pelo jeito como cuido
de quem é minha companhia.
Eu me namoraria
pelo jeito como respeito as pessoas,
pela minha energia.
Eu me namoraria,
mas infelizmente não vou poder.
Esse privilégio vou deixar pra você.

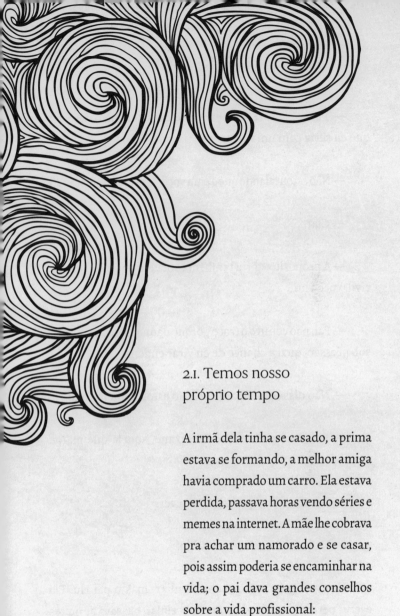

2.1. Temos nosso próprio tempo

A irmã dela tinha se casado, a prima estava se formando, a melhor amiga havia comprado um carro. Ela estava perdida, passava horas vendo séries e memes na internet. A mãe lhe cobrava pra achar um namorado e se casar, pois assim poderia se encaminhar na vida; o pai dava grandes conselhos sobre a vida profissional:

— Filha, você viu que abriu concurso para policial militar?

— Pai — ela bate na mesa —, você já pensou o desastre que eu seria com uma arma?

— Não estou falando que é para você, só estou comentando.

— Claro.

— A propósito, abriu também concurso para engenheiro civil, você viu?

— Pai, não confiro o troco porque não consigo fazer conta sob pressão, qual a chance de eu virar engenheira?

— Não disse que é para você. Só estou comentando.

— Pai, você viu o filme da Suzane, aquela que matou os pais?

— Cruzes, filha, que isso tem a ver?

— Nada, só estou comentando.

Um senso de humor bem peculiar, mas o pai riu. Ela estava perdida, se afundava em seu celular, passava as noites em claro, não conseguia dormir. Vagava na ansiedade e nos próprios pensamentos. Muitas vezes, sentia-se incrível e livre, sem nada a prendendo. Mas logo depois tinha medo pelo mesmo motivo. Todos à volta dela tinham coisas, ela não tinha nada.

Uma noite, numa dessas crises de sentir-se perdida, gravou um vídeo para sua rede social favorita, contando como era sua vida. Parada. Tediosa. E cheia de medo do futuro. Foi dormir e, quando acordou, viu que algumas centenas de pessoas também estavam passando pela mesma situação. Ela, então, se sentiu abraçada, compreendida; e logo as centenas viraram milhares, milhões. E ela finalmente entendeu o que queria para a vida, no que era boa: estar perdida assistindo a séries e memes foi justamente o que a empurrou até ali. Todo aquele tempo tinha sido pesquisa, e não tempo jogado fora. De uma hora pra outra, ela amava sua solitude, e falava dela; amava estar se descobrindo, e falava disso; amava seu próprio senso de humor torto, e se aproveitava dele. Tudo fez sentido.

Outro dia, eu li uma frase que ela escreveu em sua rede social: "O que a vida espera da gente não é o que a gente espera da vida." Seu caminho vai aparecer; às vezes, você não vai vê-lo, mas ele vai estar ali, esperando você entender, e assim seguir por ele.

Ah, a irmã dela se separou, a prima mudou de curso e a melhor amiga bateu o carro. A vida nem sempre é como a gente quer, e como Renato Russo disse uma vez: "Temos o nosso próprio tempo!"

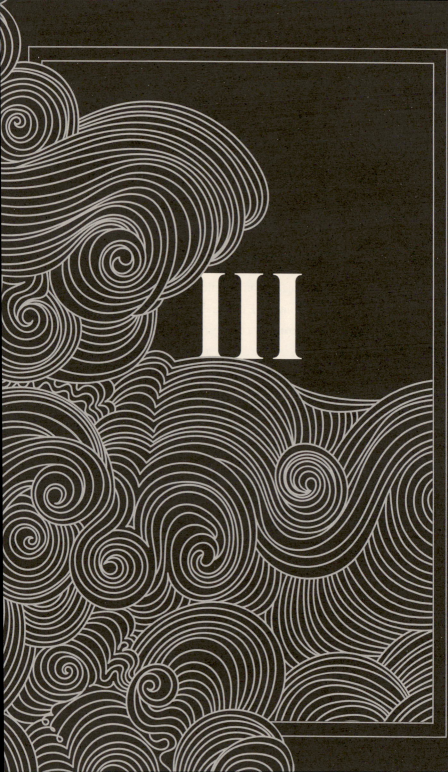

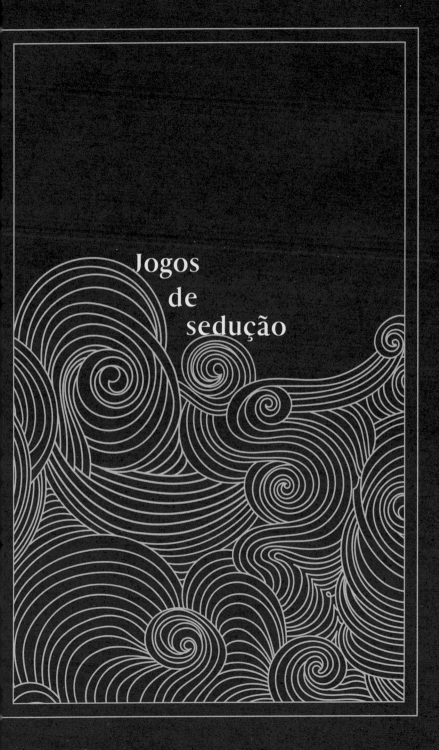
Jogos de sedução

Pessoas solteiras

Pessoas que estão solteiras há muito tempo
são as mais difíceis de amar.
É que elas se tornaram autossuficientes, independentes,
e aí fica difícil pra elas começarem a se relacionar.
Elas precisam que algo extraordinário aconteça
pra que o outro simplesmente mereça na vida delas entrar.

Joguinho

A pessoa fica dez minutos sem te responder,
e você fica trinta, só para ela aprender.
Mas isso não é nem um pouco inteligente, tente entender.
Você só está acostumando a pessoa a ficar sem você.
Uma vez eu ouvi uma frase e, pra mim, isso basta:
"Quem muito se ausenta, deixa de fazer falta."

Não sei viver sem intensidade

Eu demonstro mesmo, falo mesmo,
me disponho de verdade.
Não consigo fazer de conta,
nem sentir pela metade.
Eu vou atrás se estou a fim, porque, pra mim,
se não for pra ser assim, eu não faço.
Eu não entendo quem fica regulando mensagem,
contando beijo e negando abraço.
Quem tá comigo tá por inteiro ou não tá.
Aqui é entrega com intensidade,
água morna não serve nem pra fazer chá.

Intuição na sedução

Eu odeio minha intuição.
Ela me mostra coisas, e eu não quero dar atenção.
Ela me grita coisas, e eu tento me convencer
de que ela está errada.
Eu torço para minha intuição estar enganada.
Eu odeio minha intuição,
porque quase sempre tem razão,
diferentemente do meu coração.

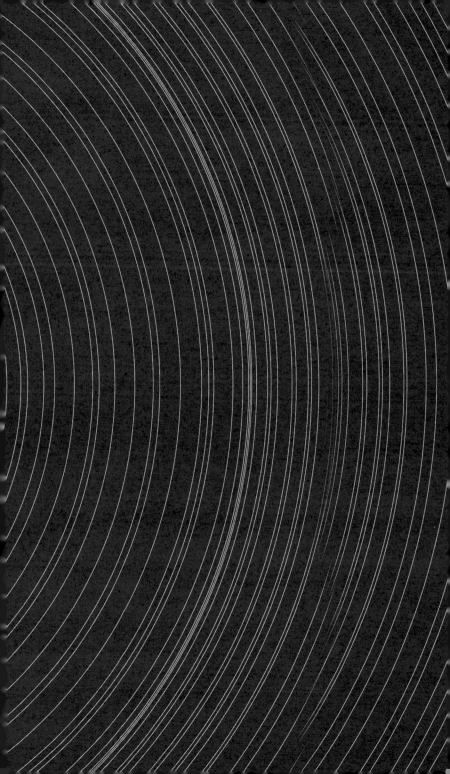

Atração

A gente pode até ser atraído pela beleza,
mas se apaixona pelo modo que o outro nos trata,
com carinho e delicadeza.
Se apaixona pela prioridade que o outro nos dá,
se apaixona pelo modo que o outro tem de nos tratar.
A gente pode ser atraído
por um monte de coisas superficiais,
mas a gente só fica se o outro tiver algo mais.

Eu quero ficar!

Século XXI

Século XXI, em que a vida está
completamente virada:
mentir é habilidade, dar golpe é moda
e amar é motivo de piada.
Seja bem-vindo à nossa geração,
na qual sentir é errado, demonstrar é feio
e ficar triste é querer chamar a atenção.
Seja bem-vindo ao século XXI,
em que é comum todo mundo não ter ninguém,
porque estar apaixonado é coisa de otário.
E aí, por medo de sermos traídos e enganados,
morreremos solitários.

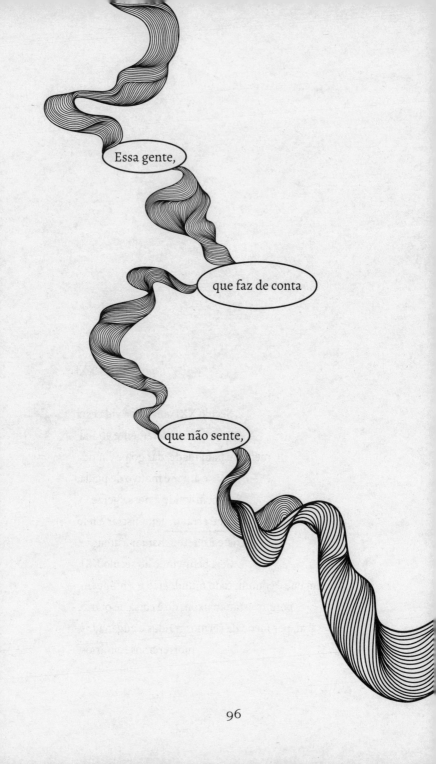

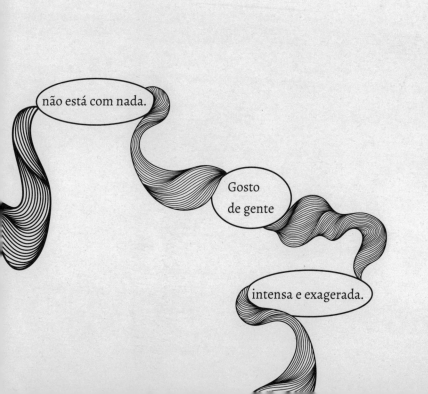

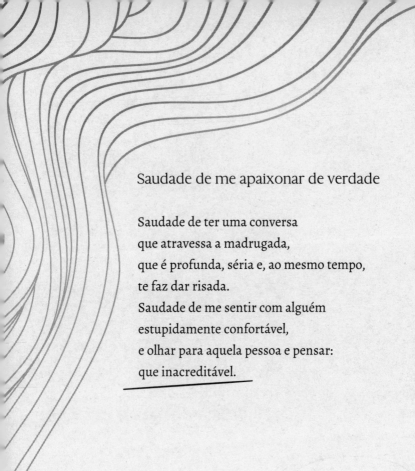

Saudade de me apaixonar de verdade

Saudade de ter uma conversa
que atravessa a madrugada,
que é profunda, séria e, ao mesmo tempo,
te faz dar risada.
Saudade de me sentir com alguém
estupidamente confortável,
e olhar para aquela pessoa e pensar:
que inacreditável.

Saudade de olhar bobo para alguém
e sentir que aquela pessoa sente o mesmo também.

O básico

Será que conversa contigo
ou te responde?
Será que se importa realmente
ou nem sequer corresponde?
Existe uma diferença entre estar ali de verdade
ou estar porque tanto faz.
Escute o que eu te digo: você merece mais.

O amor está difícil

Depois que o beijo e o sexo ficaram fáceis,
o amor ficou difícil.
As pessoas são malucas por trocarem
uma história por um momento,
e o mundo é esse próprio hospício.
As pessoas querem pegar,
mas não querem segurar.
Todos veem a aparência,
mas não olham para a beleza de uma relação.

Se for pra forçar

Se for pra forçar, não é pra ser.
Se precisar se esforçar demais, não vai acontecer.
Quando é pra ser, é fluido.
Tem força, tem leveza, tem libido.

Se precisar empurrar demais,
não vai pegar, estragou.
Se precisar de muito conserto,
talvez não seja seu, falhou.
Talvez não seja agora,
não é o momento.
Se precisar forçar, não é seu.
E isso serve pra anel,
pra calçado, pra relacionamento.

Não é medo de amar

O que nos assusta não é um novo amor.
O que nos dá medo
é passarmos pela mesma dor.
O que faz fechar o coração e seguir em frente
é chorar pelo mesmo motivo,
mas com uma pessoa diferente.

Sexo

Sexo é a troca de energia
mais íntima e intensa.
Se você pudesse ver que as pessoas
não são quem você pensa,
não faria amor com qualquer um.
Veria que não se pode banalizar, nem dizer que é comum.
Não é só pele na pele,
é verdade com verdade.
É claridade, é estar nu
de alma e de intensidade.

Se gostasse

Se gostasse de você, você saberia.
Se te amasse, estaria agora em sua companhia.
Se te quisesse, faria algum esforço
para estar com você.
Se pensasse, faria alguma coisa
para não te perder.
Se sentisse algo, não te faria mal.
Se se importasse, não acharia essa distância legal.
Se sonhasse, mandaria pelo menos um bom-dia.
Se tivesse a intenção de ficar,
iria lutar pela sua alegria.
Se te curtisse, iria te dar atenção.
Se fosse paixão, você sentiria cócegas no coração.

Não se engane,
você sabe o caminho que deve seguir.
Onde não houver reciprocidade,
não demore para sair.

Eu te quero

Mas não preciso de você.
Gostaria que você entendesse
que atrás de ti não vou correr.
Não sou mais dependente de ninguém.
Já passei dessa fase, sou eu que me faço mais bem.
Eu acho que o amor precisa de leveza,
precisa de paz, aconchego, certeza.
Eu gosto de ti, mas não necessito da tua presença.
Eu preciso é de mim e, me amando,
espero que entenda essa diferença.
Vou te dar a chance de decidir
como vai ser agora.
Porque, se você quiser voltar,
eu vou lembrar por que você foi embora.

Você está olhando para onde?

Você está olhando para o lado errado,
procurando amor onde te deixam em pedaços.
Insistindo em quem não te dá valor,
achando que migalhas de atenção são amor.
Olhe numa outra direção, olhe ao redor.
Se você já passou pelo pior, o melhor está vindo.
Você está se distraindo com qualquer coisa
e deixando de ver seu futuro lindo.
Talvez esteja naquelas mensagens não respondidas,
naquela lanchonete que nunca entra,
achando que não será bem-vinda.
Com caminhos diferentes, você terá um resultado diferente.
Quem sabe você só não viu,
mas o amor está ali te esperando, bem na sua frente.

Tempo de conexão

Sexo ocupa tempo,
mas não preenche história, não cria momentos especiais.
É preciso ver, ser capaz.
Sexo é fogo que se apaga na cama,
mas que não cria profundidade com quem se ama.

Sensualidade

A sensualidade, pra mim, vai além
das curvas de um corpo perfeito.
A sensualidade vem, talvez, de olhar
com aquele jeito suspeito.
A sensualidade é o que desperta
os seus sentidos,
você não consegue sequer
explicar o que te deixa tão perdido.
Ser sensual é ser verdadeira,
corajosa, única e confiante.
Sentir à flor da pele
o toque de cada movimento excitante.
Ser sensual não é sobre
centímetros do corpo despido,
mas a alma toda entregue
para o momento que está sendo vivido.

Um tipo de atração

Existe um tipo de atração
que é sentir tesão vendo a pessoa fazendo
o simples do cotidiano.
Você a acha sexy mexendo no cabelo,
dirigindo, contando
sobre os planos.
É um tipo de desejo
que você faria amor
no meio do dia.
Com ela lavando a louça,
ali mesmo,
em cima da pia.

A gente morre um pouquinho

A gente morre um pouquinho
quando força aquele oi.
A gente morre um pouquinho
tentando segurar quem já se foi.
A gente morre um pouquinho
toda vez que abandona nossa dignidade,
colocando no outro a nossa felicidade.

A gente morre mais vezes do que se pode imaginar,
mas a graça dessas mortes é que, se você as vir,
entende que na mesma vida
também pode ressuscitar.

FOGO

É esse beijo lento que me pega,
essa vontade que não nos assossega.
É essa química de milhões.
São as mordidas, os arranhões.
A mão no cabelo, como quem não quer nada,
as conversas quentes de madrugada.

É o olhar que me convida,
é o corpo que se antecipa,
é tudo isso que me faz querer de novo e cada vez mais.
Me tira o ar e, mesmo satisfeito, não me satisfaz.

O amor veio e você não viu

Talvez a pessoa certa tenha sido justamente aquela
que você deixou escapar.
Aquela que você só deu um beijo,
aquela pessoa com quem flertou num bar.
Talvez a pessoa certa tenha sido aquela
que passou pela sua vida
na última festa, entre uma e outra bebida,
mas você, por estar blindada e com medo,
não deixou a pessoa te tocar
por conta de seus segredos.
Não deixou a pessoa passar de um caso,
não deixou a conversa fluir mais que o raso.

Talvez a pessoa certa
já tenha aparecido bem na sua frente,
mas você a tratou como mais um casinho indiferente.
As melhores oportunidades da sua vida
podem ter passado quando você estava distraída.
Não confunda amor-próprio com indiferença,
ou com não deixar ninguém se aproximar.
Talvez o amor da sua vida esteja justamente
naquela mensagem que deixou passar.

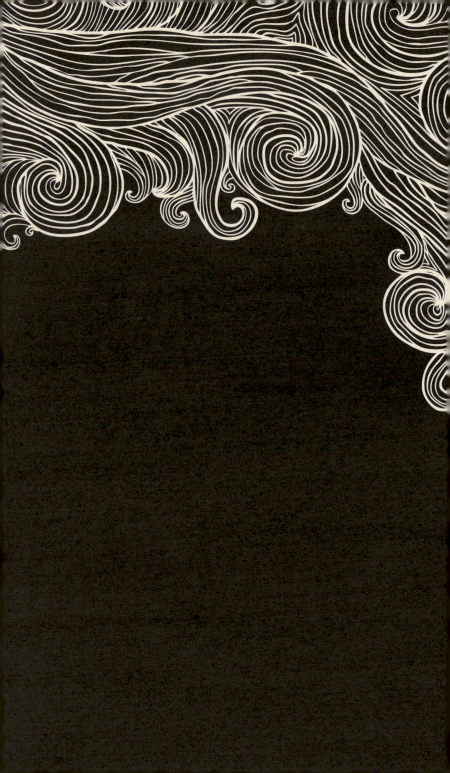

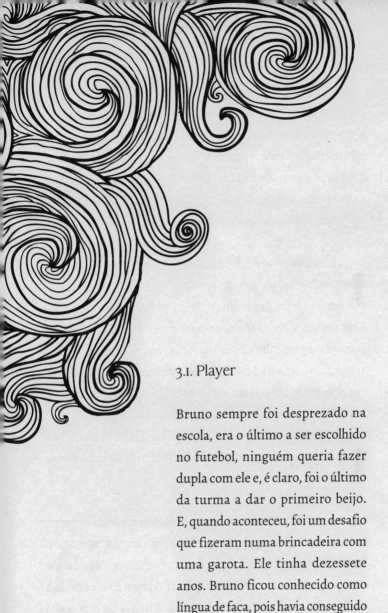

3.1. Player

Bruno sempre foi desprezado na escola, era o último a ser escolhido no futebol, ninguém queria fazer dupla com ele e, é claro, foi o último da turma a dar o primeiro beijo. E, quando aconteceu, foi um desafio que fizeram numa brincadeira com uma garota. Ele tinha dezessete anos. Bruno ficou conhecido como língua de faca, pois havia conseguido machucar a menina com o beijo, até hoje não se sabe como (eu imagino que a menina inventou a história).

Naquela época, o bullying era permitido e incentivado. A questão é que Bruno não tinha nada de errado, além da incapacidade de socializar; ele era inteligente e não era feio. Sabia que precisava mudar. Decidiu, então, que entenderia muito bem esse jogo do amor. Comprou todas as revistas, leu livros, viu vídeos que ensinavam a conquistar as pessoas.

Comprou roupas novas, mudou o cabelo, tirou os óculos e o aparelho (ah, ele usava aparelho, agora entendi como ele machucou a boca da menina). Um novo Bruno tinha surgido. Remodelado. Ele tinha o gesto exato, sabia como andar, gesticulava com calma, como havia aprendido no livro sobre a linguagem corporal dos campeões. Ele aprendeu duas piadas que sempre funcionavam, e saía munido delas nas festas, nas reuniões; havia se blindado, as pessoas comentavam como ele havia mudado, e ele sentia orgulho. Tinha aprendido a fórmula do amor como na música do Leoni (e aqui, com essa referência, entreguei minha idade).

Ele era inteligente, anotava cada coisa que dava certo, cada passo, cada avanço como se fosse uma regra matemática. Assim, já sabia quanto tempo entre cada mensagem, quando chamar pra sair, quando dar o primeiro beijo. Saía com uma mulher nova todo dia, tinha mais contatinhos do que podia colocar em sua agenda. Fazia as mulheres se apaixonarem e depois caía fora. Estava se vingando de todo o tempo que havia sido humilhado na escola.

Ele era imbatível. Impenetrável. Tinha todas as cartas sob a manga. A não ser pela Vanessa. Vanessa entendeu o script dele, as táticas, e conseguiu enxergar por dentro do muro de proteção de Bruno. Vanessa viu aquele menino inseguro da escola. Bruno recorreu a todos os recursos de seu cinturão da sedução, mas era inútil. Ela via além. Vanessa não se envolveria com um personagem, com uma criação, com um jogo.

Foi então que Bruno teve a epifania: havia criado alguém para agradar aos outros, para mostrar a todos que podia ser igualzinho a todo mundo. E, em meio a isso, tinha deixado de ser quem era. Percebeu como era trabalhoso fingir a linguagem corporal perfeita, usar roupas descartáveis só para os outros olharem, notou como exigia esforço ser quem os outros queriam que ele fosse. Então parou. Decidiu que seria ele mesmo; claro que um pouco melhor, mais maduro, com algumas habilidades diferentes, mas não faria de conta que gostava de uma banda só pra agradar outra pessoa; não diria coisas das quais discordava só para sair com alguém; não usaria uma roupa chique só pra que achassem que ele era algo que Bruno nem queria ser. Não participaria mais do jogo.

E Vanessa não ficou com o Bruno, mas o libertou. Você pode jogar, pode seduzir várias pessoas assim. Mas, para amar, é preciso ser corajoso a ponto de mostrar quem você é de verdade. Não é todo mundo que tem coragem de mostrar seu verdadeiro eu.

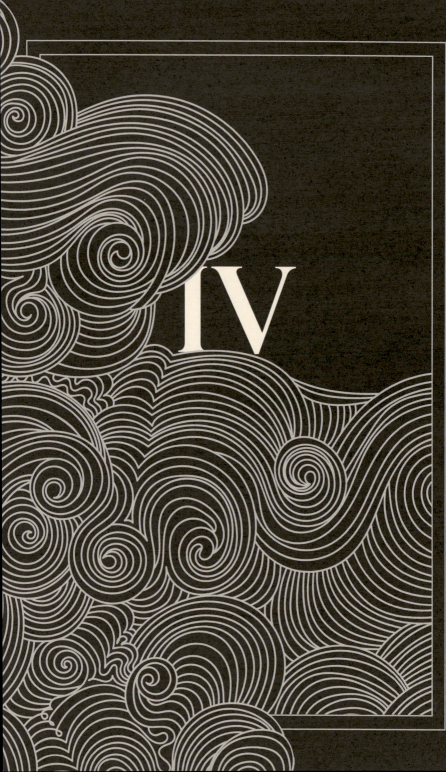

Paixão que vale a pena

Pessoas apaixonantes

Eu sou apaixonado
por quem manda áudio sorrindo;
o tipo de pessoa que você convida,
e ela responde: já tô indo.
Sou apaixonado por pessoas
que são parceiras para o que quer que seja,
para ir num lugar chique,
ou ficar num boteco e beber cerveja.

Eu fico aqui

Eu fico aqui sonhando
baixinho e pedindo pra lua
pra você sentir minha falta,
assim como eu sinto a tua.

Ir além da aparência

Eu quero alguém que me admire
além do que os olhos possam ver.
Eu quero alguém que me pergunte
qual é o meu sonho, quais as minhas feridas,
que me admire por alguém que eu quero ser.
Eu já não me importo mais com a faixa etária
nem me iludo com a cor do cabelo.
Esse tipo de coisa
te encanta nos primeiros minutos.
Algumas pessoas não querem saber da beleza interior
se a exterior não aparece,
mas, se você é do tipo
que julga sabor pela aparência,
e não pela essência,
bom, eu acho que você sabe
exatamente o que merece.

Química

Se não tiver química, não vai funcionar.
Você pode forçar, pode tentar,
mas não vai funcionar.
E química entre duas pessoas é algo que
nem Einstein pode explicar.
Acontece de repente, como uma fagulha,
e vocês dois estão ali, prontos para incendiar.
A química é a matéria mais importante
para um casal ser bem-sucedido.
Vocês podem ter história
e, na lógica matemática, fazer sentido.
Podem se atrair fisicamente,
podem estar perto geograficamente,
mas, sem química, esquece.
Sua intuição, seu corpo e sua alma
sabem o que você merece.

Por isso, às vezes você olha pra alguém
e pensa: nossa, é um grande partido.
Mas aí conhece, vê que não rola
e percebe que, sem a reação química,
é tempo perdido.
No laboratório da paixão, o elemento químico
é necessário pra funcionar.
Você pode até tentar com os outros,
mas eu sei que, só de pensar,
você até ficou sem ar.

Será que o amor existe?

O amor existe, mas você insiste
em escolher a pessoa errada.
O amor existe, mas você força relações
que não te levam a nada.
A gente fala que o amor não existe
quando sofre por alguém
que fala que é amor, quando, na verdade,
é algo que não nos faz bem.
A gente confunde remédio com veneno
e aceita qualquer amor pequeno.
E aí coloca a culpa no amor
como se fosse ele, e não a pessoa,
que te causou dor.
O amor existe, você que insiste,
por carência, em qualquer um.
Aí fica falando que a coisa mais linda deste mundo
é só algo comum.

Estar apaixonado

Dizem que a paixão dura menos de um ano.
Achar que o fogo vai continuar
depois desse tempo é engano.
A paixão te leva a fazer e a dizer coisas idiotas,
o mesmo efeito que a bebida.
Estar apaixonado é estar alcoolizado,
enquanto se vive a vida.
Se um relacionamento consegue
sobreviver à paixão,
existe boa chance de ficar
pra sempre no coração.

Sobre viver a vida

Se cada pessoa viesse com um trailer,
o que você faria?
Se fosse como um livro com uma sinopse,
será que aquele relacionamento valeria?
Você se jogaria? Diria que sim?
Se já soubesse que talvez tivesse fim,
ainda assim entraria de cabeça?
Mas a vida não permite ensaios,
scripts ou spoilers, e pra mim essa é a beleza.
É tudo improvisado.
Temos que dizer sim, se der certo, obrigado.
Senão, é aprendizado.
Temos que viver intensamente,
antes que os créditos subam
e nossa história termine,
antes da última cena.
Temos que nos tornar personagens principais,
para que cada página
tenha valido a pena.

SIM!
SIM!
SIM!

Como saber se a pessoa está apaixonada?

Quem te quer vai deixar claro de algum jeito.
Pode não ser incrível
e com certeza não vai ser perfeito.
Mas vai te mostrar.
Não vai te ignorar.
Você não pode se deixar em segundo lugar.
Não permita que ninguém te deixe
onde você não quer estar, não permita!
Quem te quer não te evita.

Tem os que te trocam
por qualquer coisa

Tem os que te trocam por qualquer coisa.
E tem os que trocam qualquer coisa por você.
Tem os que inventam qualquer desculpa.
E tem os que fazem tudo pra poder te ver.
Tem os que não têm tempo pra sair.
E os que criam tempo pra te encontrar.
Tem os que te deixam ir.
E os que movem o mundo pra você ficar.
Tem os que não se importam com sua tristeza.
E os que são motivo da sua felicidade.
Tem os que te têm por ocasião.
E os que fazem questão de te ter
como prioridade.

Vejo você

Te vejo

nas minhas músicas preferidas.

Te vejo nas decisões da minha vida.

Te vejo nas histórias dos filmes que eu mais gosto.

Eu quero me apaixonar

Eu quero me apaixonar,
mas não por qualquer pessoa.
Quero alguém que saiba valorizar.
Eu quero alguém que se lembre do dia
em que a gente se conheceu.
Quero alguém que seja grato por receber
todos os dias um beijo meu.
Quero alguém que seja parceiro na vida,
e se entregue na cama.
Que fique à vontade, que tenha intimidade
para sair arrumado ou de pijama.
Eu quero me apaixonar
por alguém que só de olhar eu saiba
que posso confiar.
Alguém que respeite a privacidade,
mas não tenha segredos,
que grite nosso amor alto e sem medo.
Quero alguém que aceite minhas loucuras,
que saiba que às vezes um abraço
é a nossa maior cura.

Quero alguém que saiba andar ao lado,
não correr atrás,
nem andar à frente, apressado.
Quero me apaixonar por alguém
que não solte minha mão,
que, em vez de escolher todos os outros,
eu seja a principal opção.
Quero me apaixonar por alguém
que tenha sede de viver,
que me estimule sempre
a ser melhor e a crescer.
Quero me apaixonar por alguém
que me faça cada dia mais forte,
e que eu olhe pra essa pessoa e entenda
o significado de amor e sorte.

Forte

Forte mesmo é quem assume o que sente,
cada machucado, cada corte.
Forte é quem faz o que preciso for
para mostrar sentimentos
e demonstrar amor.
Forte é quem faz o que diz
e não tem medo de ser feliz.

Loucura

Se apaixonar é uma loucura,
não me entenda mal.
Mas loucura é algo que foge do normal.
Eu acho essa loucura
a mais deliciosa do mundo.
Uma loucura que faz
com que você ignore quase tudo
e faça o que seu coração mandar,
mesmo que a rotina dê errado,
mesmo quando a vida desandar.
Se apaixonar é viciante,
você sente a necessidade
de estar com a pessoa a todo instante.
Se apaixonar é insano, é louco, mas tudo bem.
Você vai entender
quando se apaixonar por alguém.
O que não existe é se apaixonar calmamente,
o certo é se apaixonar loucamente.

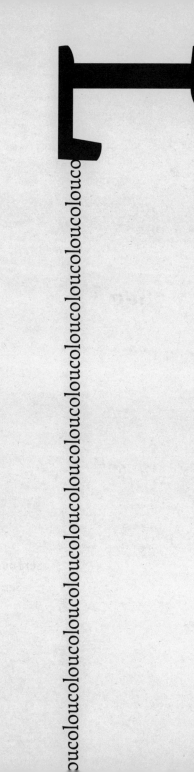

Será?

Será?

Será?

Será?

Será?

Será?

Será?

Será?

Será que existe alguém por aí
que sorri quando te vê?
Que responde rápido e,
quando recebe suas mensagens,
a perna chega até a tremer?
Será que existe gente assim ou é meme?
Será que existe alguém que seja fofo
e ao mesmo tempo
não te prenda com ciúme,
não te algeme?
Será que existe ou é meme?

Sobre confiar novamente

Um relacionamento tóxico é difícil demais,
mas é mais difícil, depois de um tóxico,
um relacionamento saudável, com paz.
Depois de passar pelo fogo que machuca,
qualquer faísca assusta.
Depois de ver alguém que não te dá valor,
qualquer falta custa.
Depois de passar pela mentira,
qualquer fala é falsidade.
Depois de passar pela prisão,
qualquer coisa tira tua liberdade.
Um relacionamento tóxico é difícil,
mas das marcas que ele deixa ninguém fala,
o jeito como você perde a confiança no mundo,
e como isso te abala.
Depois de passar por alguém ruim,
você passa a achar que todo mundo é assim.

Engana que eu gosto

A pele você pode até enganar com instantes de satisfação.

Mas sabe o que não dá para enganar?

Essa paixão que não sai do seu coração.

Quero

Quero intensidade de uma paixão profunda,
paz e tranquilidade de um amor maduro.
Quero uma paixão que não se confunda,
e um amor que seja verdadeiramente seguro.
Quero uma paixão
com sensações mais absurdas,
e um amor que me proteja, sem criar muros.
Quero uma paixão que sobreviva às segundas,
e um amor que mande mensagem na terça
com planos para o futuro.

Existem pessoas
que são caminho e estrada

Existem pessoas que são caminho e estrada,
e outras que são destino e chegada.
Mas, para encontrar seu amor,
você precisa caminhar.
Saber que você vai cair e levantar.
Saber que você vai se machucar e se arranhar.
Saber que você vai perder e ganhar,
rir e chorar.
Uma vez ouvi que,
diante da imensidão do universo,
a única coisa que valia a pena era o amor.
E pra mim isso faz tanto sentido
que eu levo por onde eu for.
Amar vale a pena; algumas pessoas, não.
Não deixe de acreditar
nas cócegas do coração.

Os olhos

Não tem coisa mais poderosa que um olhar,
um olhar de verdade, daqueles que você
não consegue se desconectar.
O olho no olho é a chave que permite
entrar no coração.
Não tem rede social melhor
que olhar no olho do outro com atenção.
Quando você olha seu tudo,
não pensa em nada;
quando olha pro nada,
pensa no seu tudo.
Entenda: um olhar verdadeiro
não precisa de legenda.

Pra hoje

Pra hoje eu só queria um chalé
no meio da serra,
uma noite tranquila,
uma lareira acesa à minha espera.
Pra hoje eu só queria
me deitar numa cama, de roupão,
sem me preocupar com as contas
que ainda virão.
Pra hoje eu só queria uma companhia,
olhando para o céu, falando poema,
e que nossa paixão
virasse filme de cinema.

Meus confidentes

Se meu travesseiro pudesse falar,
ele iria contar
meu amor por você.
Se a lua conseguisse se comunicar,
ela iria relevar
que eu não consigo te esquecer.
Ainda bem que eles são meus melhores
confidentes,
e eu posso, sem medo, contar pra eles
todos os meus segredos.

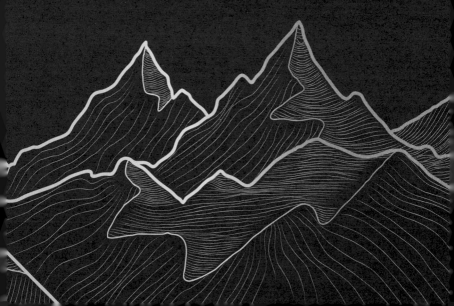

Paixão pela vida

A vida é aquela figurinha no caderno
da sexta série que você guardou.
Guardou para o lugar certo e nunca usou.
A vida é aquela roupa que você guarda
pra uma ocasião especial.
A vida é a espera do ano inteiro
só pela virada ou noite de Natal.
A vida é aquela última vez que brincou
com seus amigos de infância e não percebeu.
A vida é aquela pessoa que você perdeu.
A vida é aquela poupança que você guarda
e não sabe pra quê.
A vida é aquele sábado que ficou em casa
sem ter o que fazer.

A vida não avisa,
todo abraço
pode ser uma despedida,
todo beijo pode ser o último,
toda estrada pode ser o fim da sua corrida.
A vida é aquele "eu te amo" preso na garganta,
é aquela vontade de comer um pouco mais na janta.
Raul dizia que, antes de ler o livro
que o guru lhe deu,
você tem que escrever o seu.
Ver filmes e perder tempo vendo séries
não tem nada de mau,
mas nada substitui ser o artista principal
da vida real.
A vida é tudo que você pode fazer e não faz,
achando que vai viver pra sempre,
e deixa pra trás.
Deixa para trás sonhos, vontades, desejos,
coisas que não fez.
A vida é esse todo dia,
e só se vive uma vez.

Tesão

Tesão qualquer um sente,
atração sexual é a coisa mais fácil, sinceramente.
É para poucos conhecer de verdade, profundamente.
Difícil é ficar quando se conhece defeitos,
a mente.
Beijo qualquer um dá,
priorize quem fica
quando ninguém quer ficar.

para Deko Lipe

No compasso do coração

Uma mensagem que fez tudo mudar,
que fez a trilha sonora da minha vida mudar.
Uma mensagem que fez meu coração acreditar
nas comédias românticas que sempre dizem
pra gente não se iludir, não se deixar levar.
Uma mensagem que fez meu coração sinfonia,
que fez a orquestra da minha vida sua companhia.
Uma mensagem que me fez ver
que rever qualquer outra é bobagem.

Seu próprio paraíso

O paraíso é um sorriso,
é o lugar que a gente faz.
O paraíso é o abraço sem aviso,
a paz que a gente traz.
O paraíso pode ser, pra você, uma pessoa,
um beijo ou uma conversa boa.
O paraíso não precisa ser algo imaginário,
algo que se espera.
Você pode fazer seu próprio paraíso
aqui na Terra.

Próximo capítulo

Um amor com reciprocidade,
em que um apoie os sonhos do outro
de verdade.
Um amor que grite pro mundo
em alto e bom som.
Que estar ao seu lado é tudo de bom.
Um amor que faça história junto com você.
E que seja companheiro
para o que vier a acontecer.
Um amor com a intensidade
que uma paixão merece,
torcendo pra vir um desse tipo na minha vida,
vai que acontece.

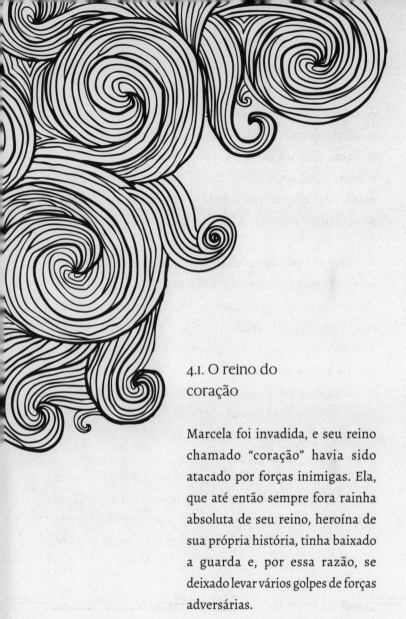

4.1. O reino do coração

Marcela foi invadida, e seu reino chamado "coração" havia sido atacado por forças inimigas. Ela, que até então sempre fora rainha absoluta de seu reino, heroína de sua própria história, tinha baixado a guarda e, por essa razão, se deixado levar vários golpes de forças adversárias.

Por pouco não sentiu que todo o seu reino, o famoso e nobre reino do coração, tinha sido completamente destruído. Por isso, juntando as poucas coisas que ainda lhe restavam, com a ajuda de suas amigas, e um pouco de coragem, construiu muros e blindagens, e até colete à prova de balas passou a usar. Assim, ninguém mais poderia nem sequer chegar perto de seu reino e seu castelo.

Marcela, por anos, viveu sem ninguém ousar chegar perto, ninguém encostava em seu castelo; os muros eram tão altos que muitos pensavam que nada existia ali, ela tinha criado algo impenetrável.

Os anos se passaram, o rio secou, a comida, que antes era farta, começou a acabar, e até mesmo as pessoas que ali viviam começaram a morrer, e o reino do coração de Marcela começou a ficar vazio.

Verdade seja dita, ela nunca mais se machucou, nunca mais fora atacada, mas também nunca mais descobriu um novo sabor de vinho, nunca mais provou um novo tipo de massa, nunca mais experimentou um novo lugar no reino ao lado.

O medo de Marcela a fez blindar o coração, mas ela vivia se perguntando se não valeria a pena derrubar todos os muros para poder ver além; tirar o colete, para se sentir mais leve, mais viva.

Mas Marcela nunca mais teve coragem de se abrir. Ela vivia com medo de que os soldados da paixão lhe atacassem novamente.

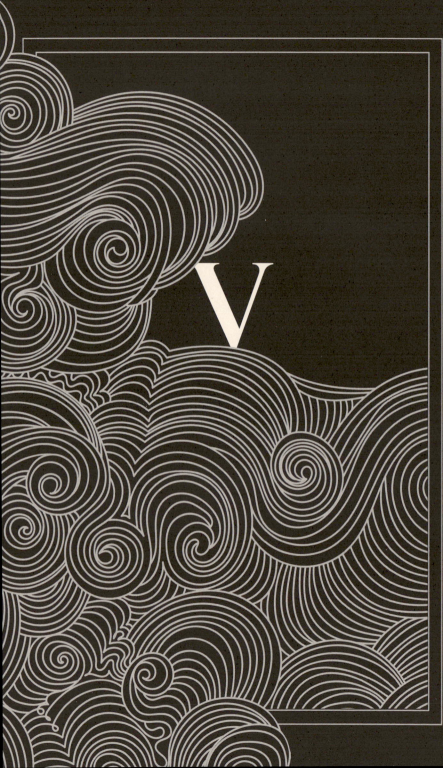

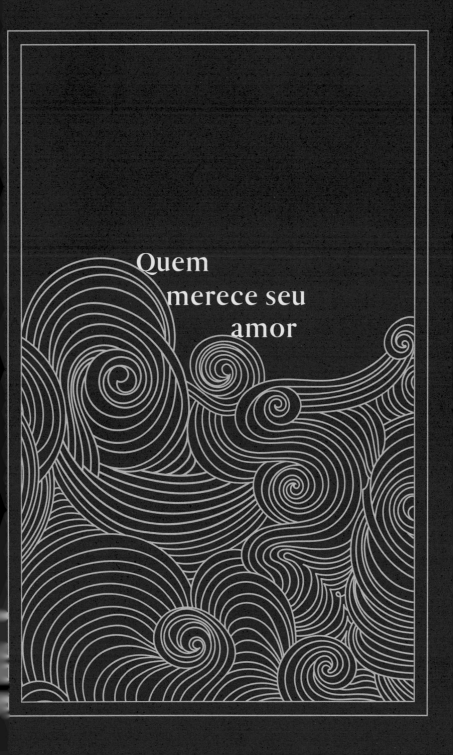

Você merece alguém

Você merece alguém que não só diga
que te ama, mas que demonstre também.
Você merece alguém que,
mesmo nos dias em que estiver mal,
te faça bem.
Você merece alguém que,
quando estiver com você,
não pense em nada nem ninguém.
Você merece alguém que saiba que mentir
é o que lhe torna refém de um
relacionamento ruim.
Você merece alguém assim,
que te encha de fogo, te enlouqueça na cama.
Você merece alguém que não tenha vergonha
de gritar que te ama.

Obrigado por ficar

Obrigado por estar ao meu lado,
por não me abandonar.
Obrigado por ficar.
Sei que nenhuma palavra poderia te agradecer um dia.
Nenhuma palavra tem o peso que eu gostaria.
Mas quero que saiba que meus dias
são melhores com você,
e eu estou aqui para você não esquecer:
estou contigo para o que precisar.
De verdade, obrigado por ficar.

De quem a gente gosta

Sentir o carinho de quem a gente gosta
deixa tudo mais brilhante.
Sentir o abraço de quem nos faz bem
nos transforma no mesmo instante.
É felicidade em forma de gente,
é alegria que a gente sente.
O mundo fica mais leve,
a alma fica no lugar que deve.
Reciprocidade, é disso que tudo trata,
e tem carinho que faz falta.

É pouco tempo?

Alguns podem dizer que eles estão juntos
há pouco tempo,
que demonstrar carinho nessa hora
é coisa de louco, que é coisa de momento.
Mas por que sempre tem que ter
uma justificativa para um casal que se adora?
Se for um mês,
é porque se conheceram agora.
Se for um ano, é porque ainda está aceso
o fogo da paixão.
Se for três anos, é porque a crise dos cinco
ainda não abalou a relação.
Agora, me fala, por que dizer "eu te amo"
logo de cara é errado?
Não pode nem deixar a outra pessoa saber
que você está completamente apaixonado.
As pessoas vivem com medo,
preferem amar sozinhas e em segredo.
Porque acham que é errado demonstrar,
que é errado sentir, que é errado amar.
Mas o amor só aparece
para quem tem essa coragem de verdade,
e não tem medo de se entregar
quando vê a felicidade.

Aos olhos da pessoa certa

Aos olhos da pessoa certa,
seremos incríveis,
e nossas dores serão invisíveis.
Aos olhos da pessoa certa,
seremos música e poema,
e superaremos até os maiores problemas.
Aos olhos da pessoa certa,
seremos a oitava maravilha do mundo.
Aos olhos da pessoa certa,
seremos tudo.

Amores e amores

Existem amores que você vai se lembrar,
como aquela paixão que te tirou do chão.
E amores que vão te dar paz,
te fazer caminhar sem problemas,
sem turbulência e sem perturbação.
Existem amores que marcam,
que deixam cicatriz.
Outros que te abraçam
e as únicas marcas que deixam
são as das expressões do rosto feliz.
Têm amores que são como fogo:
eles te esquentam, te iluminam,
mas te queimam todo.
E existem amores que são como ar,
que te mostram que o sentimento tem que ser leve,
como respirar.
E, quando esse segundo chegar, você vai entender
por que aquele primeiro não era bom pra você.
Existem amores que vêm apenas para ensinar
o que você nunca mais vai aceitar.

Eu te amo

Dá pra dizer eu te amo de vários jeitos.
Dá pra dizer eu te amo
apoiando as decisões.
Dá pra falar eu te amo
cuidando dos arranhões.
Dá pra dizer eu te amo,
cuidando do que pro outro abala.
Dá pra dizer eu te amo,
dançando no meio da tarde na sala.
Eu te amo são só palavras para mostrar
o que os gestos já gritam, a alma apaixonada.
Mas é que nem escovar os dentes,
tem que fazer todos os dias,
senão não adianta nada.

Valorize

Valorize a pessoa
que quer conversar com você.
Valorize a pessoa
que quer te ouvir e te entender.
Valorize a pessoa
que gosta de você mais do que ninguém.
Valorize a pessoa
que pergunta se tá tudo bem.
Valorize porque, na hora em que essa pessoa
perceber que não está sendo valorizada,
o preço que você vai pagar
é ver outra pessoa valorizando
quem você achava que não valia nada.

Eu quero a brincadeira

Que se foda o sexo, eu quero a brincadeira.

Quero a parceria não só à noite, mas a vida inteira.

Não que eu não ame sexo, não me entenda mal,

mas, antes do sexo casual, eu quero o sorriso.

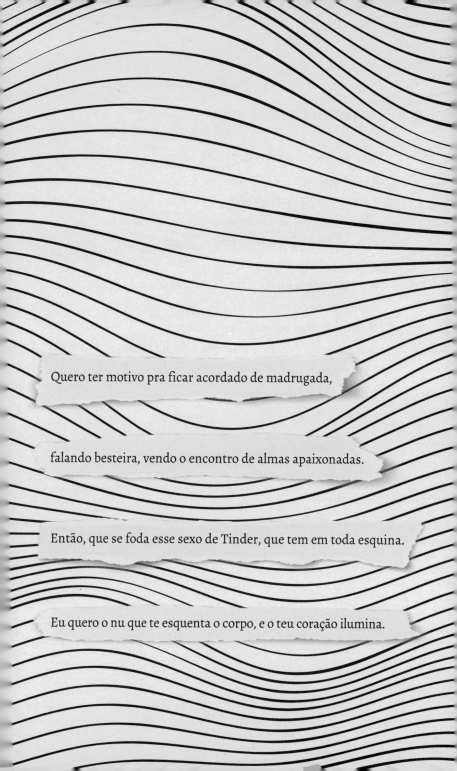

Quero ter motivo pra ficar acordado de madrugada,

falando besteira, vendo o encontro de almas apaixonadas.

Então, que se foda esse sexo de Tinder, que tem em toda esquina.

Eu quero o nu que te esquenta o corpo, e o teu coração ilumina.

A viagem de amar

Que você tenha a sorte de ter um amor
que te leve junto para viajar,
para tomar um café quente
ou uma cerveja gelada num bar.
Que você tenha a sorte de ter um amor
que faça planos com você,
para se divertir numa festa de madrugada
e que te faça crescer.
Que você tenha a sorte de ter alguém
que incentive suas loucuras, que seja sua cura,
que te dê um abraço quente no frio
e seja água gelada no calor.
Que você tenha a sorte
de ter um grande amor.

Amor à primeira vista?

Você acredita em amor à primeira vista?
Eu não.
Não acho que o amor nasce do nada,
o amor é uma construção.
A paixão pode até ser fulminante,
pode aparecer e desaparecer em um instante,
mas, para o amor acontecer,
é necessário dedicação, paciência,
conquista diária, empenho, conexão.
Quando se tem tudo isso aliado à química,
você ganhou na loteria.
O prêmio pela sua dedicação diária,
quem diria, é ver amor nos olhos
de quem você mais queria.

Casar

Será que alguém ainda sonha em se casar?
Parece que ficou meio brega amar.
E toda cerimônia, que é a celebração do amor,
ficou muito clichê.
Ninguém mais planeja a mais linda das
cerimônias, eu não consigo entender.
Casamento pra mim
é o dia mais importante da vida.
É quando você comemora a conquista
com as pessoas que mais ama, tem festa,
tem declaração, tem comida e bebida.
Reunir todo mundo que é importante
por um momento,
com a pessoa que você escolheu,
seu para sempre em um instante,
isso é casamento.

Atenção

Dar atenção é o jeito mais bonito
de dizer eu te amo.
Falar: se você não chamar,
deixa que eu chamo.
Se preocupar em dar boa-noite e bom-dia,
ser mais do que um parceiro,
ser uma companhia.
O amor não é um acontecimento,
mas uma construção.
Você não ama repentinamente,
é aos poucos que o outro ocupa seu coração.
Por isso, dar atenção é o jeito mais bonito
de dizer eu te amo de verdade.
Porque, no mundo sem tempo,
quem tira tempo pra te tratar como prioridade
é raridade.

Futuro

Quando você escolhe a pessoa certa
para lutar e ficar ao seu lado,
todo objetivo fica mais fácil
e mais alegre de ser alcançado.

Agradeça

Agradeça às pessoas que tiram um tempo
pra saber como você está.
Agradeça quem faz questão
de te ouvir e te abraçar.
Agradeça àquela pessoa que,
quando tudo ficar difícil, você pode contar.
Agradeça quem é de verdade neste mundo,
onde está todo mundo tentando te enganar.

Desejos

Eu desejo que o amor te encontre
com toda a força possível,
que seus olhos chorem sempre de alegria,
que seja intenso, mas sensível.
Eu desejo que o amor melhore suas feridas,
que seus traumas não te bloqueiem,
pois novas experiências precisam ser vividas.
Eu desejo que o amor não seja eterno,
mas que te cure.
Eu desejo um amor que seja
para todo o sempre, enquanto dure.
Eu desejo um amor
não como os de conto de fadas,
pois felizes para sempre
existem apenas em histórias inventadas.
Mas desejo um amor belo e verdadeiro,
que te complete e, apesar dos altos e baixos,
seja intenso e inteiro.

Eu desejo um amor com paz,
mas não com marasmo.
Ninguém gosta do morno, do tédio, do calmo.
Eu desejo que você tenha a quem amar,
mas que, quando estiver cansado,
sempre exista amor pra recomeçar.
(Inspirado na poesia de "Os votos",
de Sérgio Jockymann.)

Você vai saber
quando encontrar
a pessoa certa!

A pessoa certa

Quando a gente encontra a pessoa certa,
a gente sente.
Simplesmente sente.
Não é uma coisa lógica, é intuição.
Simplesmente
não dá pra racionalizar
as coisas do coração.
Você sabe, mas não entende o porquê,
é uma coisa entre a outra pessoa e você.
Amor não se explica, não se julga,
não se entende,
porque, quando você encontra a pessoa certa,
você sente.

Amor a distância dá certo?

Namoro na internet vai pra frente?
Há um tempo eu diria que não,
que é impossível manter um relacionamento
sem eu ter tempo pra estar perto,
mas hoje penso diferente.
Eu vi um amor assim nascer,
vi a paciência e a entrega a ele acontecer.
Mas não é pra todo mundo,
apenas algumas pessoas conseguem tal feito.
Pessoas dedicadas, comprometidas
e verdadeiras com seus defeitos.
Eu vi um amor assim acontecer,
e agora eu acredito,
fico orgulhoso,
feliz e com o coração aquecido.

A vida é uma festa

A vida é uma festa, sim.
E, como toda festa, vai tocar música ruim.
Ou você reclama da música e não aproveita,
ou aprende a dançar, se diverte e aceita.
E, se você já foi a uma festa,
sabe que a alegria não depende da música
nem do lugar, mas sim da companhia.

Porque quando tudo se for...

Quando tudo se for,
é a conversa que vai ficar.
Quando a beleza se esvair,
pelos anos que vão passar,
é a conexão da parceria
que vai manter duas pessoas unidas.
Quando a energia não for mais tão presente,
a amizade será bem-vinda.
Quando os anos forem pesados,
espero que você tenha alguém ao seu lado,
que tenha em você um amigo,
além de um namorado.
Uma companhia que mantenha
na conversa o olhar apaixonado.

Um conselho

Se eu pudesse te dar um conselho seria:
cuide de quem você ama.
Não troque a história da sua vida
pelo story do fim de semana.
A gente tá numa geração
que prioriza quinze segundos,
que troca, por uma foto,
a possibilidade de ter o mundo.
Então, se você tem uma relação de verdade,
você ganhou na loteria.
Tá cada vez mais foda
ter uma companhia.
Uma real,
que esteja contigo à noite em casa,
ou durante o dia de carnaval.
Tá fácil ter relações vazias,
nas quais ninguém se entrega,
todo mundo fica, todo mundo se pega.
Mas, quando a gente vai dormir,
é que a gente entende
que não tem ninguém;
se ligar de verdade, ninguém atende.
Então, se eu pudesse te dar um conselho seria: valoriza.
Gostar é fácil, mas não é todo mundo
que tá contigo quando você precisa.

Tesão e sexo

Tesão e sexo até são importantes,
quem não concordaria?
Mas algo que ninguém te conta
é que o mais importante é a parceria.
Aquela pessoa que está do teu lado,
enfrentando os problemas contigo,
compartilhando seus dilemas e assuntos.
Que te ajuda e fica ao teu lado,
quando você tá lidando com tua pior versão.
Pra mim, a amizade é que faz a união,
a companhia.
Guarde esta palavra no teu coração: parceria.

Esperando por você

As lágrimas caíram em cima da foto deles no celular.
Quem iria imaginar?
A minha sorte, minha! Se tornou azar pra mim.
E o pequeno príncipe escolheu
qualquer outra flor de seu jardim.
Dizem que quem tem azar no amor tem sorte no jogo.
Bom, se enganam de novo.
Mesmo com torcida para esse amor que merecia ser vivido.
Mesmo com inúmeros cupidos.

Para Helena Bellintani

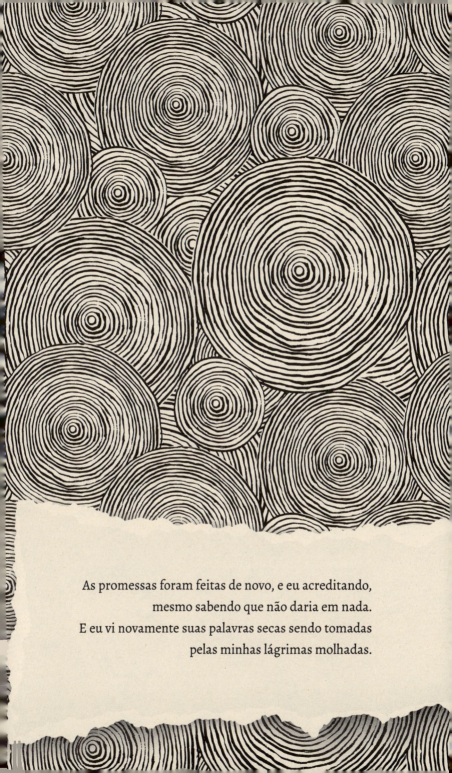

As promessas foram feitas de novo, e eu acreditando, mesmo sabendo que não daria em nada. E eu vi novamente suas palavras secas sendo tomadas pelas minhas lágrimas molhadas.

O que é o amor?

Platão disse que amar é
desejar fortemente a pessoa.
Aristóteles disse que o amor é
sentir-se alegre
com quem se divide uma vida boa.
Voltaire pensou que amar era
uma lona fornecida pela natureza
e bordada pela imaginação.
AnaVitória canta,
Nando Reis coloca acordes,
Emicida rima a respeito,
na novela se coloca em ação.
Carl Sagan achava que sem amor
não teria por que uma vida ser vivida.
Cazuza achava que amor tinha sabor
de fruta mordida.
Renato Russo disse que é preciso amar
as pessoas como se não houvesse amanhã,
e isto é a felicidade.
Pedro Arcafra acha que o amor
é a cura da ansiedade.
Há quem ache que o amor é
a flor roxa que nasce no coração de um
trouxa.

A gente pode ficar o resto da existência tentando definir o amor e será à toa. Pra mim, amor é você ler o livro todo, pensando em uma só pessoa.

5.1. Sobre o amor

E, agora, você está aí, pensando que eu vou contar mais uma história, ou uma fábula, sobre o amor, né? Mas este autor que lhes escreve vai te surpreender fazendo o que ele faz de melhor: Falar em terceira pessoa? Não! Abrir o coração.

Você leu poemas a respeito das fases de um relacionamento, mas principalmente sobre o amor. Você viu, com o último poema, que cada grande pensador tem um jeito diferente de definir o amor. Portanto, a gente conclui que o amor é diferente para cada ser humano que já o experimentou (ou que acha que o experimentou). Eu acho mais fácil ver o amor como uma forma do que como um diagnóstico, ou uma frase.

A pergunta que mais me fazem é: De onde vem a inspiração para criar os poemas e os vídeos? A verdade é que eu não sei dizer, mas acho que o amor e falar dele sempre fizeram parte de mim.

Lembro-me de sofrer por amor logo na primeira série, chorar porque fui rejeitado por quem eu achava que seria minha primeira namorada. Voltei da escola ouvindo sertanejo e entendendo a letra (veja só). Dali para a frente, foi só ladeira abaixo. Muitas músicas na adolescência, muitos filmes de comédia romântica, muitos livros de autoajuda.

Mesmo com muito amor desperdiçado nos lugares e nas pessoas erradas, eu sinto que ainda tenho muito amor para dar, um amor que eu guardei pra alguém que vai merecê-lo. Vai merecer cada poema que eu escrever, cada gesto que eu fizer, cada suspiro que eu soltar pensando nessa pessoa. O amor não é para todo mundo, nem todo mundo está disposto a enfrentar todas as dores das rejeições, das pessoas erradas e até dos próprios erros. A maior parte das pessoas prefere não tentar pelo medo de se machucar. Eu não tenho medo dos machucados, tenho medo de viver uma vida sem ter tentado com todas as minhas forças viver um amor que valha a pena ser vivido e contado.

Quero falar também de outro amor, o amor que eu tenho por criar e escrever, e também o amor que eu tenho por ter conquistado mais de dez milhões de seguidores que escutam o que eu falo e leem o que eu escrevo.. Existem vários tipos de amor, eu amo muita coisa e espero que você também. Mas quero dizer aqui, especialmente para você que finalizou a leitura, se emocionou, riu e, principalmente, que pensou: Eu te amo. Muito obrigado. Meu nome é Caciano, e eu espero que este livro tenha te causado cócegas no coração.

Primeira edição (agosto de 2022)
Papel de miolo Pólen natural 70g
Tipografia Alegreya e Kopi Senja Sans
Gráfica LIS